LB 40
2570

EXTRAIT

Du procès-verbal d'installation du Club national dans la Salle du ci-devant Musée, servant aux Séances de la Société, dite *des Récollets*.

Séance du 3ᵐᵉ jour de la 1ʳᵉ décade du mois Brumaire de la deuxième année de la République française, une et indivisible.

Les Sans-Culotes du Club national, extraordinairement convoqués et réunis dans la salle de leurs séances ordinaires à Saint-Projet, le président a ouvert la séance.

Un membre annonce qu'en vertu de l'arrêté des Représentans du Peuple, la Société alloit se transporter à la salle du Musée, où s'assembloit précédemment les soi - disant Amis de la Liberté et de l'Égalité : « Les Re-
» présentans du Peuple, dit-il, veulent que
» la tribune où des orateurs perfides égarè-
» rent long-temps les Bordelais, trop crédules,
» soit désormais consacrée à la doctrine fran-

» che et républicaine des vrais Sans-Culotes. »
L'orateur est interrompu par l'annonce des
Représentans du Peuple, qui sont introduits
dans la salle, au milieu des plus vives acclama-
tions. Ayant pris place au bureau, Ysabeau
prend la parole : « Nous nous rendons au milieu de vous, dit-il, pour vous accompagner
à la salle des ci - devant Récollets et vous y
installer ; vous purifierez cette enceinte par
les plus vives expressions de votre amour
pour la République ; nous vous rappellerons
les devoirs sacrés que vous avez à remplir ;
marchons vers cet édifice naguères consacré
à la doctrine infame du fédéralisme et du
royalisme ; qu'elle devienne aujourd'hui le
temple de la vérité et du républicanisme le
plus ferme et le plus épuré. Des persécutions
injustes et scandaleuses vous ont obtenu le
témoignage de confiance que nous venons
vous donner. Votre intrépidité à démasquer
les traîtres ; votre fermeté à défendre les bases
fondamentales de la République ; votre zèle
à éclairer vos concitoyens, trop long-temps
égarés, vous distingueront, nous aimons à
le croire, parmi les Sociétés populaires de la
République ».

Un Membre demande qu'on attende quel-
ques instans pour augmenter le nombre des
Sans-Culotes qui doivent suivre le buste de
Brutus. Ysabeau s'y oppose, et veut que les
regrets punissent leur négligence.

L'assemblée se met en marche, et tout se trouve dans le meilleur ordre. Le général Brune, accompagné de ses aides-de-camp, à la tête d'un détachement de cavalerie, ouvre cette marche. La contenance guerrière, mais franche et fraternelle, de nos braves frères d'armes, inspiroit un double sentiment à-la-fois. D'un côté, elle abbattoit l'espoir extravagant des ennemis de la République ; de l'autre, elle animoit le courage des vrais patriotes, aujourd'hui vainqueurs des ennemis qui les outrageoient ; ces guerriers révolutionnaires, la terreur des fédéralistes, étoient suivis des Représentans du Peuple, Ysabeau, Tallien, Baudot et Chaudron-Rousseau, dont l'austère sévérité fait trembler les coupables, autant que leur justice rassure l'innocent. Des cris, sans cesse répétés, de *vive les Représentans du Peuple, vive la Montagne, les défenseurs de la République, les sauveurs des Bordelais régénérés*, retraçoient, sans cesse, à leurs cœurs paternels l'amour d'un peuple que l'on a pu égarer, mais dont les intentions ne peuvent être coupables. Huit Sans-Culotes, portant le buste de Brutus en triomphe, précédés de deux grands vases où brûloit de l'encens devant l'idole et les modèles des vrais républicains, suivoit ce buste précieux, conservé par les arts pour rechauffer, chez l'homme vertueux, le feu sacré de la Liberté, et pour y développer le saint-amour de la Patrie, étant suivi d'une foule de Sans-Culotes, tous prêts à immoler leur vie pour le salut de la République une et indivisible. Leur voix faisoit retentir l'air des plus belles hymnes consacrées à la Liberté et à l'Égalité. On arrive ainsi au local destiné. En entrant, la salle est parfumée ; les Représentans du Peuple vont s'asseoir au bureau, à côté du président. Ysabeau prend la parole, et prononce un discours énergique ; il dit : que la Société des Amis de la Liberté et de l'Égalité, dite *des Récollets*, a toujours été le point de réunion de tous les fédéralistes et de tous les membres de la commission populaire ; que ce temple a retenti souvent des cris de *vive la République, une et indivisible*, par des soi-disant républicains, qui n'aboutissoient, par leurs manœuvres criminelles, qu'à détruire l'unité de la République. Il dit encore, que le seul moyen de propager les vrais principes de la révolution, c'étoit de détruire toutes les Sociétés et Clubs où l'on en professoit de contraires ; voulant, au nom de la Nation, récompenser le patriotisme constant et ferme des braves Sans-Culotes composant le Club national de Bordeaux, Ysabeau assure l'assemblée que la République, par son organe, lui fait présent de ce local : en conséquence, Peyrend-Dherval, secrétaire des Représentans du Peuple, dépose sur le bureau, et fait lecture d'un arrêté prix par eux, dont la teneur suit :

AU NOM DE LA RÉPUBLIQUE FRANÇAISE,
UNE ET INDIVISIBLE.

LES REPRÉSENTANS DU PEUPLE, en séance à Bordeaux,

Considérant que la Société des Amis de la Liberté et de l'Egalité, dite *des Récollets*, a toujours été le point de réunion de tous les fédéralistes, de tous les membres de la Commission populaire ;

Considérant que le seul moyen de propager les vrais principes de la Révolution, c'est de détruire toutes les Sociétés et Clubs où l'on en professe de contraires ;

Voulant, au nom de la Nation, récompenser le patriotisme constant et énergique des braves Sans-culotes composant le Club national,

ARRÊTENT ce qui suit :

ARTICLE PREMIER.

La Société, dite *des Récollets*, établie à Bordeaux, est supprimée, comme composée de royalistes et de fédéralistes.

I I.

Le local, occupé par cette Société, est mis à la disposition du Club national , ainsi que tous les effets qui en dépendent.

I I I.

Les Autorités constituées , tant civiles que militaires , tiendront la main à l'exécution du présent Arrêté, qui sera, en outre, imprimé , publié et affiché.

Arrêté à Bordeaux , le troisième jour de la première décade du mois Brumaire de l'an deuxième de la République française.

C. Alex. YSABEAU, M. A. BAUDOT, CHAUDRON-ROUSSAU , TALLIEN.

Par les Représentans du Peuple ,

PEYREND-DHERVAL, *Secrétaire de la Commission , Commissaire des guerres.*

Tallien ensuite prend la parole et dit : que c'est au Club national à se rendre digne de la confiance que lui donnent les Représentans du peuple ; il fait la comparaison des deux Sociétés, de celle Récollets et de celle du Club national. Il dit que la première ne professoit qu'une morale impure, tandis que la seconde ne tendoit qu'à propager l'esprit de liberté et d'égalité; et après un discours si bien senti, il fait voir que ce n'est pas par un vain encens que la Société doit purifier ce local, mais en y opérant le bien; il fait un court éloge du Club national, et il engage cette Société de se rendre de plus en plus digne de la réputation dont elle jouit aux yeux de la République entière; il exhorte les membres à découvrir et à dénoncer tous les traîtres; il les exhorte à marcher d'un pas ferme et inébranlable dans la carrière qu'ils se sont ouverts, à être toujours Maratistes, Montagnards et révolutionnaires, et les invite à ne rien craindre; parce que, dit-il, la Représentation nationale et la guillotine est là, toute prête à venger le Club national, s'il est outragé dans sa marche révolutionnaire; il finit par dire que la Société ne peut être vraiment digne des éloges que lui ont mérité sa constance et son énergie, qu'en s'élevant à la hauteur de la révolution.

Le général Brune obtient la parole et dit : que le Club national a sauvé, lui seul, la ville de Bordeaux, qui étoit à deux doigts de sa perte, et qui devoit devenir un second Lyon; il dit que la Société, après s'être régénérée, doit se considérer comme renfermant dans son sein les meilleurs républicains ; et termine son discours par cette réflexion sage, que le baptême, que vient de lui donner la Représentation nationale, la fera parvenir au sommet de la Montagne.

Baudot prend ensuite la parole et dit : que le but du Club national doit être d'affermir la révolution ; il annonce que les membres qui doivent composer les Autorités constituées de Bordeaux doivent être tirés du Club national même , et que, si quelque membre trahissoit la Nation, la même peine qu'a subi aujourd'hui, sur la Place nationale, pour ses forfaits, le Représentant de Lyon, lui scroit réservée ; il ne craint pas d'avancer que tout fonctionnaire public doit attendre pour récompense la guillotine ou la couronne civique ; il prétend aussi, dans ce discours fort énergique, qu'on ne doit pas s'en tenir à de vaines professions de foi, puisque, dans cette enceinte même, il a été fait une profession de foi républicaine par des conspirateurs ; il croit qu'on ne peut assez montrer de courage pour la Liberté. En conséquence , il invite la Société à dénoncer les modérés, à les bannir de son sein, s'il s'en trouvoit quelques-uns, et à les traduire devant les tribunaux , pour les faire punir comme nuisibles à la chose publique. Ce discours reçoit les plus vifs applaudissemens. Ysabeau prend de nouveau la parole , et annonce à la Société qu'il désireroit, ainsi que ses collègues, rester plus long-temps dans son sein ; mais, que des grandes occupations ne le leur permettent pas ; il exhorte la Société à marcher toujours dans les bons principes qui l'animent ; à éclairer le Peuple sur ses droits et sur ses devoirs ; rappellant que l'instruction publique doit être le principal objet de ses travaux ; que les Sociétés populaires ne doivent être autre chose que des écoles nationales , où l'on doit apprendre à devenir bon père , bon époux , bon fils et bon citoyen ; que c'est là où la vertu doit servir de boussolle à tous les républicains ; il invite les pères et mères des tribunes d'y envoyer leurs enfans, pour se former de bonne heure et apprendre à chérir les lois de leur Patrie , pour s'accoutumer à devenir des zélés défenseurs de la chose publique. (Ce discours est couvert d'applaudissemens.) Ysabeau promet que la Représentation nationale assistera, le plus souvent qu'il lui sera possible , aux séances de la Société.

Tallien , reprenant la parole , demande que le verbal d'installation du Club national soit rédigé , imprimé et envoyé aux Jacobins de Paris et à toutes les vraies Sociétés populaires. Cette proposition est délibérée à l'unanimité.

'Les Représentans sortent de la salle aux cris mille fois répétés de *vive la République, vive la Montagne, vive les Représentans du Peuple, vive les Sans-Culotes.*

PUECH, *Rédacteur.*

ABRAHAM, *Président.*

BRIFFAU,
GOUJON,
DUFRESNE, *Secrétaires.*

A BORDEAUX, chez A. LEVIEUX, Imprimeur, rue Monbazon, n° 2.